AF227312

BETHLÉHEM

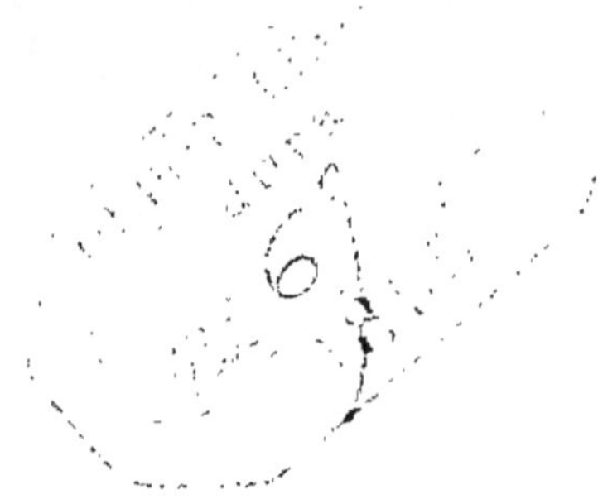

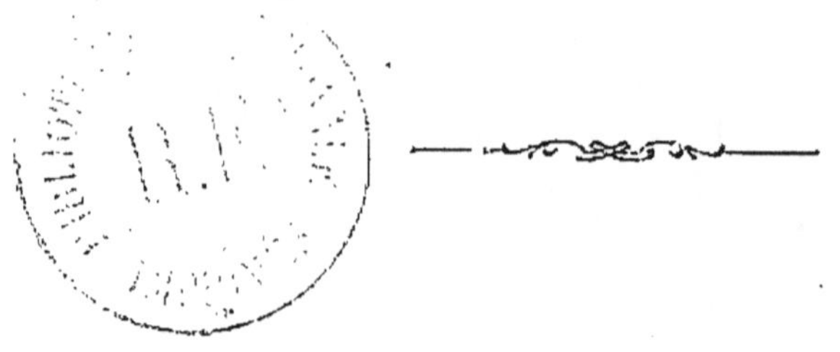

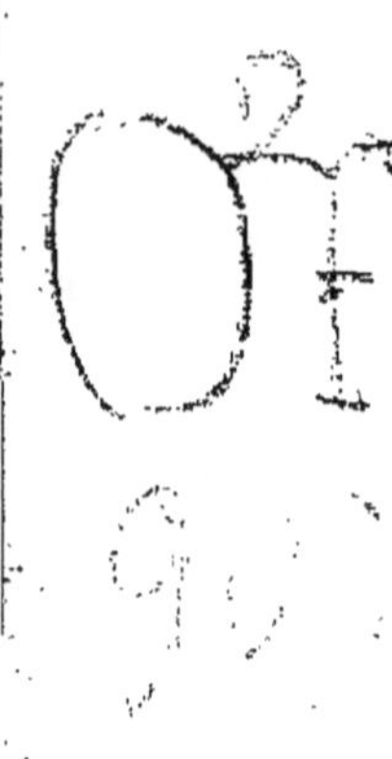

IMPRIMATUR

Laedone die 8 Decembris 1895

† **César Joseph**

Episcopus Sancti Claudii.

BETHLÉHEM

Prologue

On raconte de Sainte Véronique Juliani, religieuse de l'Ordre de Sainte Claire, qu'elle aimait tendrement l'Enfant Jésus, qu'elle le cherchait de tous les désirs de son cœur et ne négligeait rien pour lui plaire. Une image représentant la divine Mère avec son enfant dans ses bras, faisait surtout ses délices, c'est devant son autel qu'elle allait prier et souvent l'aimable Sauveur se détachait de la Sainte Vierge et venait dans les bras de Véronique pour qu'elle pût le caresser à son aise. Un jour, plus pressée que jamais de saintes ardeurs, elle descendit au jardin cueillir des fleurs pour orner son petit autel, mais, dans la ferveur de ses désirs, elle n'avait pas songé aux frimas de l'hiver qui avait étendu son manteau blanc sur la terre. Pas une fleur n'avait percé la neige, hélas ! rien à offrir à son Bien-Aimé. Elle s'agenouilla tristement. Alors, Celui qui console toutes les larmes ne résista pas à sa naïve prière, il se présenta devant elle, tout resplendissant d'une céleste beauté, lui, la fleur des champs et le lis de la vallée. Mais bien courte fut la douce vision. Véronique, désolée, de courir aussitôt à son tableau, et, y voyant l'Enfant Jésus : « Comment avez-vous fait pour revenir si vite dans les bras de votre mère ? lui dit-elle ; j'ai couru beaucoup sans vous atteindre. » Touché de son chagrin, le divin Enfant lui donna un affectueux baiser qui la consola aussitôt.

Qui n'aurait le désir de voir l'Enfant Jésus et de lui faire plaisir ? Qui n'a besoin de ses consolations ? Nous avons pensé qu'on le trouve à Bethléhem, et, en parcourant en esprit les lieux que Jésus a sanctifiés de sa présence, puissions-nous le rencontrer et cueillir sur ses lèvres divines un de ces bénis sourires qui font le bonheur d'une vie !

1. Le chemin de Bethléhem

C'est au-delà des mers qu'il faut aller pour rencontrer Bethléhem. Il faut franchir cette Méditerranée si belle qui porta saint Paul et porte encore aujourd'hui les Apôtres de l'Orient. Nous voici sur la terre de Palestine ; *Jaffa* nous ouvre ses jardins fleuris et nous envoie ses délicieux parfums de fleurs d'orangers, prélude de ces parfums mille fois plus doux que Bethléhem réserve à nos âmes. Nous traversons l'immense plaine de Saron (1) chantée par Isaïe et remplie du souvenir de Samson et des Philistins ; le soleil est radieux, la lumière abondante et pure, les fleurs printanières étalent leurs corolles d'or et de pourpre ; puis viennent les montagnes de la Judée ; nous traversons la vallée du Térébinthe où David prit les cinq cailloux dont il arma sa fronde ; nous laissons à notre droite Aïn-Carim avec le lieu de la Visitation, puis bientôt nous saluons du fond de notre cœur et les larmes aux yeux, la ville sainte, *Jérusalem*. Mais là, tout respire la tristesse et la mort, partout des sommets dénudés, des champs stériles où croissent à peine quelques noirs oliviers, des terrasses, des coupoles blanchies, c'est toute la ville de Jérusalem, on dirait un immense linceul jeté sur cette région désolée ; là, planent douloureux, accablants, les souvenirs de la mort du Sauveur. Ce que nous cherchons, c'est la vie. Au-delà de Jérusalem, vers le Sud, au milieu de la plaine ondulée, un chemin qui se déploie en longs rubans, nous indique la direction de Bethléhem. Descendant les pentes du mont Sion et traversant la vallée du fils d'Hennom, nous nous trouvons presque aussitôt sur la route de Bethléhem, et les souvenirs évangéliques les plus gracieux se présentent en foule.

D'abord, sur un monticule à droite une ruine grisâtre marque la place de la maison qu'habitait

---

(1) Sa plaine a 3C lieues de longueur sur 8 de largeur.

le saint vieillard Siméon : aussitôt m'arrivent les accents de l'espérance ; le Ciel paraît si proche quand on a Jésus dans ses bras ; alors on attend avec joie de le voir dans les splendeurs de la patrie : *Nunc dimittis* ! la présence de Jésus, c'est la consolation de la vieillesse trop souvent délaissée, c'est la joie de l'enfant, c'est l'espérance de tous les âges, c'est le baume pour toutes les blessures. Arrivés à la vallée de *Raphaïm* ou *Ek-Baa* ; rien autour de nous, ne vient récréer nos regards, à peine quelques arbres nouvellement plantés couvrent la terre stérile ; nous sommes tout à la pensée de Celui qui, dix-huit siècles avant nous, suivait ce chemin. Quarante jours après la naissance de Jésus, Marie et Joseph s'avançaient à travers ces campagnes, portant tour à tour dans leurs bras l'Enfant Jésus ; se trouvant peut-être fatigués de la route, ils s'arrêtèrent sous un térébinthe qui bordait le chemin et on nous en montre l'emplacement. L'âme candide de nos pères aimait à penser que la nature s'inclinait volontiers devant son Créateur, elle prêtait la vie et la pensée à tout ; elle imagina que cet arbre, comme bien d'autres, avait humblement courbé ses rameaux pour former sur la tête de l'Enfant Dieu comme un diadème de verdure. Les Mages aussi, passèrent en cet endroit, et à quelques pas de là sur le bord du chemin, près de la citerne qu'on nous fait remarquer, ils s'assirent et se reposèrent. Le site était ravissant ; une fontaine jaillissante vint aussitôt leur présenter un rafraîchissement et, autre signe de la protection divine, l'étoile qui, durant leur séjour à Jérusalem, avait disparu à leurs yeux, se montra brillante dans le firmamant. C'était un lieu de bénédiction, quelquefois même Notre Seigneur avec ses disciples s'y reposa. Un peu plus loin, sur la hauteur, ombragé par un vieil olivier, un rocher émergeant de terre porte quelque trace de l'empreinte d'un corps humain ; le Prophète Elie, fuyant la colère de Jézabel, fatigué du chemin, se serait étendu sur cette couche et, sous son précieux fardeau, le rocher, pour le recevoir et lui rendre le repos plus doux, se serait amolli comme la cire. C'est en souvenir de cet événement qu'auraient été élevés dans le voisinage une chapelle et un couvent; celui-ci se dresse sur sa hauteur, imposant comme une forteresse, au milieu de la verdure et porte le nom du Prophète, Mar-Elias. Nous sommes au sommet de la colline ; l'horizon limité à droite par les montagnes de la Judée s'étend à gauche jusqu'aux montagnes plus lointaines de l'Arabie. A une égale distance de Jérusalem et de Bethléhem nous apercevons les deux cités, Jérusalem au nord, fièrement dressée sur la hauteur avec ses coupoles élevées et imposantes semblables à des tombeaux, au midi, la gracieuse Bethléhem plus modeste, avec ses maisons grisâtres, s'harmonisant mieux avec les ondulations du sol et se détachant sur un fond de verdure, tandis qu'au-delà, sur la gauche s'élève superbement le mont des Francs, (1) dont un tyran eut le caprice de se faire un mausolée et qui prit son nom *Hérodium*. Avant de faire notre entrée dans la cité de David, nous saluons encore le tombeau de l'inconsolable Rachel ; ce petit monument s'élève à 2.000 mètres environ de Bethléhem ; Rachel est la mère du peuple Juif dont les enfants dispersés viennent aujourd'hui pleurer avec elle en ce lieu sur leurs tristes destinées; pour nous, c'est la personnification des mères des innocents enfants qui périrent par ordre du cruel Hérode ; les hauteurs qui environnent nous rappellent *Rama* retentissant de cris de douleur. Mais un rayon de joie vient aussi éclairer nos âmes ; les chères victimes de l'Enfant Jésus jouent maintenant près de lui avec leur palmes et leurs couronnes et Jésus lui même nous appelle à son berceau. Il est là, ce berceau de l'Enfant Dieu, et devant nos yeux, à quelques pas, au delà de la ravissante vallée d'Oued-el-Kharoubeh, nous voyons blanchir les murailles de Bethléhem.

---

(1) On dit que les Croisés l'auraient occupé pendant 40 ans Hérode fit tailler la montagne en forme de mausolée.

La ville de Bethléhem.

Bethléhem, en hébreu la *maison du pain*, ou plus anciennement *Éphrata*, la *fertile*, est chantée par le Prophète ; *Et toi, tu es l'une des plus petites villes dans les nombreuses villes de Juda, mais c'est de toi que doit sortir celui qui règnera sur Israël (Michée).* Les pèlerins ne l'exaltent pas moins. C'est la patrie de celui après lequel l'ancien monde soupira si longtemps et qui versa sur le nouveau tant de consolation, tant d'espérances et tant d'amour. Aussi, impossible d'exprimer le sentiment de joie dont tressaille l'âme chrétienne, en foulant le sol béni de Bethléhem. « Au dessus de cette petite bourgade plane une sereine et douce gaîté, un calme plein de tendresse qui fait épanouir suavement le cœur chrétien ». « Ici, dit un autre pieux auteur, il me semble que le Ciel tout entier s'est ouvert pour laisser tomber sur le monde la pluie de ses miséricordes ». Le site prête lui-même au sentiment de douce paix, il s'exhale de cette terre quelque chose de suave qui ne se définit pas et qui repose. Gracieusement assise sur sa colline verdoyante, la ville se déploie sur les hauteurs comme un vrai diadème dont les deux branches embrassent la plaine d'Oued-el-Kharoubeh ; de ce côté, elle nous présente une pente assez douce couverte de figuiers, d'oliviers, d'amandiers, de caroubiers, ou même de vignes qui apparaissent au milieu des murs blancs étagés pour soutenir le terrain ; sur les autres côtés les pentes sont plus escarpées, mais également ornées de verdure (1). Bethléhem, c'est la patrie d'Elimelech dont la belle-fille devint épouse de Booz, mère d'Obed, aïeule de Jessé : chacun connaît la ravissante histoire de Ruth, l'ancêtre de

---

(1) Le sol de Bethléhem est fertile, mais assez mal cultivé. Les habitants pressurés par le fisc ne font rapporter à la terre que ce qui est nécessaire à leur nourriture. Les femmes, qui, en général sont considérées comme de simples servantes cultivent la terre et font les travaux pénibles ; les hommes travaillent la nacre, ou les noyaux d'olives ou de dattes pour en faire des objets de piété qu'il vendent aux pèlerins.

David dont devait sortir un jour le Messie. C'est là que sur l'ordre de Dieu, Samuel répandit l'onction royale sur la tête du jeune fils d'Isaï, c'est là encore que David s'exerça sur sa harpe à ses chants de berger, et garda les troupeaux de son père en attendant qu'il montât sur le trône d'Israël. Joab, général des armées de David, Abizaï, Azaël, tous trois fils de Sarvia, sœur de David, étaient nés à Bethléhem. Mais écoutons la lecture du Martyrologe romain, le jour de Noël. « L'an, depuis la création du monde, lorsque Dieu, au commencement, créa le ciel et la terre cinq mil cent quatre-vingt-dix-neuf ; depuis le déluge, deux mil neuf cent cinquante-sept, depuis la naissance d'Abraham, deux mil quinze ;.... l'an de la fondation de Rome sept cent cinquante-deux ; la quarante-deuxième année du règne d'Octavius Auguste ; tout l'univers jouissant de la paix ; au sixième âge du monde ; Jésus-Christ Dieu éternel et Fils du Père éternel, voulant sanctifier le monde par son saint avènement, ayant été conçu du Saint-Esprit, et, neuf mois s'étant s'étant écoulés depuis sa conception, — naît de la glorieuse Vierge-Marie à BETHLÉHEM de Juda. » Voilà la grande gloire de Bethléhem. Chaque année, le 25 décembre, l'Eglise rappelle l'heureux événement et le chante avec une joie toujours nouvelle, et les fidèles n'entendent pas ce récit sans fléchir le genou et sans tressaillir de la plus vive allégresse.

Tandis que ces incomparables souvenirs passent devant mes yeux, j'ai franchi les portes de la ville ; les Bethléhémites s'avancent sur leurs portes basses et étroites ; en les voyant vêtus de leurs longues robes à grandes manches, coiffés d'un épais turban blanc, ceints d'une ceinture de cuir et les pieds nus, je me reporte à dix-huit siècles en arrière, tels devaient être les habitants de l'humble ville, lorsque Quirinus en faisait le recensement. Les femmes avaient le sarrau bleu, la tunique rouge, comme on les porte encore aujourd'hui à Bethléhem, et parmi ces filles dont le voile blanc retombe jusqu'à la ceinture, il me semble voir la Vierge immaculée parcourant ces rues, s'en allant à toutes les portes demander l'hospitalité qu'on lui refuse de toutes parts ; ainsi elle était vêtue, elle avait cette attitude modeste, cette physionomie douce et sympathique qui caractérise les Bethléhémites (1). Elle s'avançait à travers ces mêmes rues étroites montueuses et irrégulières, que je parcours ; ne trouvant point de place dans le vaste carré ceint de portiques qui servait d'abri aux voyageurs, elle poursuivait sa route jusqu'à l'extrémité du village et gagnait ainsi la pointe de la colline qui regarde Hébron. Aujourd'hui, à cet endroit, au fond d'une assez vaste place pavée, oblongue, se dresse une immense construction qui ressemble à une forteresse, c'est le monastère de Bethléhem avec la basilique de la Nativité.

3. L'Eglise de la Nativité

La basilique de Sainte Marie appelée aussi de la Nativité n'a pas cet aspect libre, dégagé et indépendant que nous aimons à rencontrer dans nos églises ; c'est une construction massive flanquée à droite et à gauche d'édifices qui masquent sa forme et sa grandeur ; au sud s'élèvent les couvents grec et arménien, au nord le monastère des Latins. A l'ouest, c'est-à-dire à la façade principale, pas d'autre porte qu'un soupirail bas et étroit où l'on n'entre pas sans s'incliner profondément. Les chrétiens ont dû employer ce moyen pour empêcher la profanation du saint lieu, car sans cet expédient, les arabes ne manqueraient pas de pénétrer dans l'enceinte avec leurs montures, chameaux, ânes ou chevaux, ou de s'y précipiter en masse en cas d'émeute. C'est dire que nos Lieux Saints ne sont pas en des mains chrétiennes ; les Musulmans en sont les maîtres et nous y mesurent nos droits ou trop sou-

---

(1) La population de Bethléhem est de 6.000 habitants ; plus de la moitié sont catholiques, les autres sont schismatiques grecs ou arméniens. On compte une centaine de musulmans.

vent les violent. La petite porte ouvre dans un vestibule obscur de 6 mètres de longueur communiquant avec la nef centrale par une seule ouverture. Quand on l'a franchie, le coup d'œil embrasse un majestueux vaisseau à cinq nefs, de 33 mètres de longueur avec quatre rangées de colonnes qui forment dans l'édifice une véritable forêt ; on en compte 46 sans y comprendre dix-huit demi colonnes engagées soit dans les piliers de transept, soit dans les murs. Toutes ces colonnes sont d'une pierre rougeâtre veinée de blanc et si bien polies qu'on les prendrait pour du marbre. Les cinq nefs composées de onze travées aboutissent à un transept qui forme avec la nef principale la figure d'une croix latine, et qui a, comme elle, 20 mètres de largeur. Une large abside termine le monument à l'est et lui sert de chevet ; la partie centrale du chœur, exhaussée de trois degrés, forme le sanctuaire. La longueur totale de l'édifice est de 58 mètres et toutes les parties en sont magnifiquement éclairées par une série de fenêtres ouvertes dans la partie supérieure de l'édifice, onze de chaque côté. On remarque encore dans les murailles quelques fragments des mosaïques qui les décoraient autrefois, ils laissent conjecturer la splendeur de la vieille basilique ; sans doute aussi, au moyen âge, les poutres aujourd'hui apparentes qui soutiennent la toiture étaient dissimulées par un plafond de bois orné de peintures et de dorures ; il n'en reste plus de traces. Tel est l'édifice chrétien construit au IVe siècle par la munificence de Constantin et dû surtout à la piété de sa sainte mère, l'impératrice Hélène,

Hélas ! non seulement ce beau monument n'est plus la propriété des Latins, mais l'usage même leur en est interdit : en 1842 un firman, c'est-à-dire un décret du gouvernement Turc cédait tout l'édifice aux schismatiques. Les Grecs d'ailleurs n'y officient pas et, le trouvant trop grand pour leur usage, il ont élevé à l'entrée du transept un mur qui l'isole du reste de l'édifice. Ainsi, la grande nef n'est plus qu'un vaste hangar fréquenté par les petits marchands et les gens désœuvrés ; désormais aussi, plus d'ornements, plus de signes religieux ; les catholiques sont traités comme leur divin Maître : *Non erat eis locus in diversorio.* Il n'y avait pas de place pour eux dans l'hôtellerie. En 1852, l'intervention française leur a cependant obtenu de pouvoir pénétrer dans la basilique, ils y ont un passage pour arriver par le chœur des arméniens à la grotte de la Nativité.

De quels pieux cantiques a retenti cette église ! que de nombreuses et saintes assemblées ! et depuis quinze cents ans, que de prières ferventes y sont montées vers le Ciel, à la gloire du saint Enfant Jésus ! Unissons-nous à la voix de tant de siècles : *Gloria in excelsis Deo !*

4. La Grotte de la Nativité

« Joseph monta de Nazareth, ville de Galilée, en Judée dans la ville de David qui est appelée Bethléhem... pour se faire inscrire avec Marie son épouse... Et elle mit au monde son premier né ; et l'ayant enveloppé de langes, elle le coucha dans *la crèche*, parce qu'il n'y avait point de place pour eux dans l'hôtellerie ». « Et l'Ange apparaissant aux pasteurs des environs de Bethléhem leur annonce ainsi la bonne nouvelle : « Vous trouverez un enfant enveloppé de langes et couché dans *la crèche* ». C'est ainsi que le saint Evangile nous raconte l'évènement heureux qui s'accomplit la la nuit du 25 décembre de l'année où Quirimus, au nom de l'Empereur Auguste, fit le recensement de l'Empire. Les bergers ne se trompèrent pas sur le lieu dont parlaient les Anges ; *la crèche* était un endroit bien connu ; dans le pays, on l'appelait de ce nom, *la crèche*, ou *l'étable* ; c'était une grotte assez profonde creusée dans le rocher, à l'orient de Bethléhem. Aujourd'hui la crèche est devenue la crypte de la basilique de Sainte Marie et se trouve au-dessous du transept. De chaque côté du chœur, deux escalier tournants, l'un au nord de seize marches, l'autre au sud, de treize, aboutissent au lieu béni de la naissance du Sauveur. A peine y suis-je arrivé qu'une lumière douce et mystérieuse projetée devant moi sur le pavé attire mes regards. Dans la paroi où s'ouvre l'escalier, à l'endroit où convergent les deux rampes, je vois une petite niche arrondie à sa partie supérieure, avec un autel, et au dessous, incrustée dans le pavé, une étoile d'argent autour de laquelle, à la lueur des quinze lampes qui l'éclairent, je lis : « HIC, DE MARIA VIRGINE JESUS CHRISTUS NATUS EST. *C'est ici que Jésus-Christ est né de la Vierge Marie.* En lisant ces mots, je te laisse deviner, ami lecteur, dit un ancien écrivain, comme j'étais ému, honorant et baisant mille fois ce saint lieu ». C'est vraiment à ne pouvoir s'en détacher, tant ce lieu béni a de charmes pour l'âme chrétienne ! Eh quoi ! C'est dans cette étroite excavation de rocher que Marie a prié ; c'est ici, que, dans une extase d'amour, elle a donné au monde son Sauveur ; ici, que ce divin Sauveur a fait entendre ses premiers vagissements, répandu ses premières larmes provoquées par l'amour ; ici, que Marie jeta sur lui son premier regard maternel, le couvrit de ses premiers baisers en même temps qu'elle se prosterna devant lui dans l'acte de l'adoration le plus parfait qu'eût jamais fait aucun enfant d'Adam ; c'est ici qu'elle l'enveloppe de langes avec tout le respect d'une créature pour son Créateur et tout l'amour d'une mère pour son enfant. O Dieu ! que ce lieu si saint me rappelle bien l'amour du Saint Enfant Jésus ; il me semble que j'y compte les battements de son cœur si tendre et que chacun de ces battements me dit : « Je t'aime, mon enfant, donne-moi ton cœur », Et que ce pauvre cœur voudrait se fondre d'amour ! *Sic nos amantem quis non redamaret* ! Je voudrais appeler autour de moi toutes les âmes qui me sont chères et les âmes du monde entier, d'autant qu'arrive à nos oreilles cette douce mélodie de chœurs angéliques : *Adeste fideles, læti triomphantes, venite, venite in Bethléem*. Oui, que tous les cœurs viennent ici respirer dans la joie le parfum de l'amour de l'Enfant Jésus !

Du lieu de la naissance du divin enfant à la crèche, il n'y a que quelques pas ; un enfoncement bas et étroit s'ouvre au nord de la grotte en forme de chapelle (1) ; un beau bloc de marbre blanc creusé en forme de mangeoire y marque la place du berceau de l'Enfant Dieu (2). C'est là que Marie après l'avoir enveloppé de langes, l'étendit sur la paille de l'é-table entre un bœuf et un âne, et au milieu des Anges qui l'adoraient. C'est devant cette crèche que le juste Joseph vint se prosterner, le cœur tout em-brasé d'amour, admirant les merveilles accomplies en sa sainte épouse ; c'est là aussi que les simples et humbles bergers présentèrent leurs modestes offrandes avec les hommages de leurs profondes adorations ; là, enfin, que les Mages ouvri-rent leurs trésors, s'inclinant devant le maître du Ciel et de la terre qui leur apparaissait sous la forme d'un petit et faible enfant : vis-à-vis de la crèche, un petit autel est consacré à rappeler leur présence en ce lieu, on lui donne le nom d'autel des Mages. D'après la Tradition, c'est là qu'était assise la divine mère, lorsqu'elle présenta l'Enfant-Jésus aux adorations et aux caresses des Rois de l'Orient (3). Cet autel appartient aux Latins et j'allais y offrir le Saint-Sacrifice. Pendant la célébration des saints Mystères, tout l'Evangile de la Nativité me revenait

---

(1). Il a 3 mètre 50 de long et 2 de large.

(2). On vénère le bois de la crèche à Rome dans la basilique de Sainte-Marie-Majeure.

(3). La Tradition nous représente les Mages revêtus de la pourpre royale, et la tête ceinte d'une couronne. « Le premier s'appelait *Melchior*, dit le Vénérable Bède, c'était un vieillard aux cheveux blancs, à la longue barbe, il offrit l'or comme à son roi. Le second nommé Gaspar, jeune, sans barbe, rouge de couleur offrit à Jésus dans l'encens l'hommage dû à sa divinité. Le troisième, au visage noir, portant toute sa barbe, s'appelait Balthasar : la myrrhe qui était entre ses mains rappelait que le Fils de l'homme devait mourir ».

en mémoire : Ici était la crèche ; ici, le Verbe éternel parut petit enfant, il reposait sur le voile virginal de Marie comme devant moi, sur le blanc corporal ; ici, les Mages, comme moi fléchissaient le genou, les bergers se prosternaient ; je puis répéter avec l'Eglise : *Puer natus est nobis.* Un enfant nous est né, un Sauveur nous a été donné. C'est Noël. Mon oreille se remplit des premiers Noëls de la chère église de mon village :

> « Il est né le divin Enfant,
> Jouez, hautbois ; résonnez musettes
> Un peu de paille est sa couchette ;
> Une étable est son logement :
> Pour un Dieu quel abaissement ! »

On dirait que des voix angéliques répètent autour de moi ces chants gracieux que j'entendais autrefois de la bouche des jeunes enfants :

> « Noël, Noël, cri d'espérance,
> Il est à nous, l'Emmanuël ;
> Chante, Israël, ta délivrance,
> Jésus est né, Noël, Noël ! »

Ou encore ce *Gloria in excelsis* qui succédait au chant de la Généalogie en cette nuit délicieuse, où, après les longues veilles, les élèves du Sanctuaire faisaient monter versleCiel les élans de leurs cœurs avec les accents d'une vibrante d'émotion. C'était tout le passé qui se présentait à mon âme avec toute la joie de Bethléhem et de tous les heureux Noëls de ma vie.

Les éclats de voix d'un grec mécontent et irrité vinrent me distraire de ces doux souvenirs de ma patrie et des miens : il fallut terminer ma prière. Alors mes yeux désormais habitués à la demie obscurité de la grotte en découvrirent la forme et l'étendue. Dans un petit rectangle de douze mêtres de long sur quatre environ de large se trouvent les deux petits sanctuaires, l'un à l'Orient, l'autre au Nord-Est. A la lueur des trente lampes qui éclairent la crypte, on constate qu'à l'étable, c'est toujours la pauvreté de Bethléhem : les tentures depuis longtemps fanées cachent la voûte artificielle et couvrent la paroi du rocher ; le pavé a perdu ses marbres précieux, ou le marteau grec les a brisés ; sous les coups du temps, les peintures murales ont disparu , le rocher semble devenu ce qu'il était, il y a dix huit siècles. Cependant, plus d'ouverture du côté de la vallée ; transformée en sanctuaire païen par l'empereur Adrien, taillée ensuite à l'époque de Constantin pour porter la lourde basilique, la grotte a perdu sa forme antique. Mais qui n'aimerait à y vénérer les vestiges du rocher qui abrita Jésus et retentit de ses premiers vagissements. On ne la quitte qu'à regret, cette chère grotte, et l'âme se repose toujours dans la douce pensée des mystères qui s'y sont accomplis. L'Evangile dit de Marie qu'elle conservait et repassait en son cœur tout ce qu'elle entendait. Tant de souvenirs nous sont aussi un trésor, un livre où nous relirons souvent et avec amour la bonté et les abaissements du Sauveur.

Autour de la grotte sacrée, la piété s'est plu à grouper plusieurs sanctuaires également chers à l'âme chrétienne. D'abord, c'est le souvenir de Saint Joseph ; sa place est bien près de la crèche ; on arrive à sa chapelle par une longue et étroite galerie qui prend naissance au nord-ouest de la crypte ; la Tradition rapporte que ce lieu fut témoin des joies et des anxiétés du saint Patriarche qui reçut du Ciel en cet endroit l'ordre de se rendre en Egypte. A quelque pas plus loin, et à un plan un peu inférieur, l'oratoire où furent ensevelis les corps de plusieurs des SS. Innocents ; peut-être furent-ils massacrés en ce creux de rocher où leurs mères avaient espéré sauver leur vie. Dans un couloir à l'ouest, le tombeau de Saint Eusèbe de Crémone, le fidèle ami de Saint Jérome et son successeur dans la direction des monastères de Bethléhem, puis la chapelle des tombeaux où reposèrent quelque temps Sainte Paule, sa fille Sainte Eustochie et aussi Saint Jérome dont l'oratoire se trouve un peu plus vers le Nord. Chaque soir, une procession parcourt ces galeries souterraines. Religieux franciscains, Bethléhémites, pèlerins de toute nation s'en vont, un flambeau à la main, de l'église de sainte Catherine au lieu de la Nativité, puis à la crèche devant l'autel des Mages, au tombeau des SS. Innocents, etc. A chaque station, un chant se fait entendre *Jesu Redemptor omnium , Salvete, flores marty: rum*, etc ; on se croirait à Noël tant on en goûte les douceurs. Impossible de n'être pas ému jusqu'au fond de l'âme ! En recueillant tant et de si précieux souvenirs, le cœur se fond de reconnaissance et de tendresse.

Nous voici à l'église de Sainte Catherine, l'église paroissiale de Bethléhem, et aussi au couvent franciscain dont elle fait en quelque sorte partie (1). Cher couvent franciscain, nous ne le quitterons pas sans regret et sans émotion. L'hospitalité y est si cordiale ! De la petite cellule où je reposais, des terrasses, le coup d'œil est si beau sur les vallées de Bethléhem. sur les montagnes de la Moabitide, au-delà de ce petit coin de mer Morte qu'on aperçoit là-bas ! Ici, c'est la joie, on est chez les siens, mais quelle tristesse de visiter les couvents grec et arménien qui s'élèvent si grandioses au sud de la basilique. Les larmes viennent aux yeux en pensant que ces édifices occupés jadis par les communautés religieuses appartiennent aujourd'hui aux schismatiques. Il y a là cinq ou six moines, tandis qu'autrefois les monastères de Sainte Paule y étaient florissants, la Psalmodie sante y retentissait perpétuellement, c'était une pépinière de Saints. L'illustre Sainte Paule, Sainte Eustochie, Saint Jérôme, Saint Eusèbe de Crémone, tous ces amis si dévoués et si fidèles de l'Enfant Jésus ont tant aimé Bethléhem !

---

(1) Le couvent franciscain compte 18 religieux, neuf prêtres et neuf frères ; ces religieux sont chargés de la paroisse de Bethléhem dont la population est de 6000 âmes environs dont 3000 appartiennent à la religion catholique.. L'église de Sainte Catherine, adjacente à la basilique de la Nativité est de beaucoup trop petite pour la population chrétienne.

« Ce sera ici le lieu de mon repos s'était écrié Sainte Paule ; nous voudrions le dire aussi ; être avec l'Enfant Jésus, c'est le Paradis !

5. Les environs de Bethléhem

Noël ! Noël ! nuit du salut et du miracle, nuit de douceur et d'allégresse ! On l'aime cette nuit-là, on y a si souvent rêvé de la Vierge en adoration devant son enfant ou fuyant en Egypte, de la clarté merveilleuse qui inondait la campagne ! des concerts célestes qui remplissaient la vallée d'une si suave harmonie ! on a si souvent rempli son imagination, et des campagnes où les bergers faisaient paître leurs tranquilles troupeaux et des collines qui entourent Bethléhem ! Ce n'est pas sans un vrai charme qu'on en contemple la réalité. Avec quel saint empressement et quelle légitime curiosité, le pèlerin s'aventure dans les rues de l'antique cité ! À quelques pas de la basilique vers le sud, il rencontre une station de Marie sur la voie douleureuse ; pauvre Mère ! elle était si anxieuse lorsqu'elle connut les cruels desseins du roi iduméen ! elle pensa qu'un autre asile serait plus sûr que l'étable, et voici, à quelques pas seulement de son premier abri, une nouvelle grotte qui s'offrit à elle. Elle nous rappelle un doux mystère, l'allaitement de l'enfant Jésus. Qui ne serait touché en voyant le créateur du monde attaché au sein virginal de cette pure créature qu'on appelle Marie ? Les Anges eux-mêmes en sont dans l'étonnement et ne se lassent pas d'admirer les ineffables excès d'amour et d'abaissement de leur Dieu. Or, ici, d'après la tradition, la Vierge Mère put présenter à son enfant, le lait qui, un moment, avait tari dans son sein. Depuis, les malheureuses mères, affligées, comme le fut Marie à ce moment, viennent prier à l'humble grotte, et prenant un peu de la blanche poussière du rocher mêlée à leurs aliments, elles ont confiance que la Vierge immaculée exaucera leurs prières.

De la *grotte du lait*, c'est le nom qu'on donne au

petit sanctuaire, passons au *puits de David*. On se rappelle le désir du Saint Roi : « Oh ! si quelqu'un me donnait à boire de l'eau de la citerne de Bethléhem, qui est près de la porte ! » Le *Biar-Daoub*, à cinq cents mètres environ de la ville, nous rappelle l'héroïsme des trois vaillants qui exposèrent leur vie pour satisfaire le désir de leur Roi et la grandeur d'âme du Roi Prophète offrant à Dieu l'eau qu'on lui apporte et qu'il regarde comme le sang de ses guerriers. Qu'il nous invite bien à soupirer après les eaux qui jaillissent à la vie éternelle, et qui ont leur source dans le cœur même de l'Enfant de Bethléhem !

Nous voudrions aussi recueillir les lointains échos des suaves concerts qui remplirent la campagne de Bethléhem. Cette campagne est devant nos yeux. Sur une colline au sud-est de la cité, est assis *Beith-Saour*, le village des pasteurs où Booz avait son aire, dominant la fertile vallée où veillaient les bergers au soir de Noël. C'est dans ce site ravissant que se passa la gracieuse et touchante idylle que rapportent nos saints livres. C'est là que Ruth, la Moabite, modèle de piété filiale, vint glaner pour sa belle-mère Noémi, et avec les épis qu'elle ramassa dans le champ recueillit la bienveillance et l'affection de Booz en même temps que la gloire de devenir l'aïeule du Messie (1). Au milieu de la plaine couverte comme autrefois d'oliviers sous lesquels toujours reverdit le même gazon et fleurissent les mêmes anémones, on vit longtemps s'élever une magnifique église en l'honneur des

---

(1) On sait que Noémi qui habitait Moab avait deux filles *Orpha* et *Ruth*. Noémi, après la mort d'Elimelech son époux, les voyant veuves toutes deux, les exhorte à retourner chez leurs parents, en leur représentant le triste sort qui leur était réservé, si elles demeuraient dans sa maison. *Orpha* baisa sa belle-mère et s'en retourna ; *Ruth* suivit Noémi à Bethléhem, patrie d'Elimelech.— Booz est la figure du Père céleste qui récompense les âmes fidèles ; Noémi représente l'Eglise qui, au milieu du ses épreuves, prépare les âmes et les amène à Dieu. *Orpha* et *Ruth*, c'est la vocation ; certaines âmes la suivent malgré tout, les autres l'abandonnent pour retourner au monde.

Saints Anges ; quelques pierres blanchies à l'orifice d'une excavation qui fut autrefois la crypte de la basilique, voilà tout ce qui reste de l'ancien monument ; c'est assez pour nous rappeler qu'au dessus de ce lieu les anges annoncèrent aux bergers (1) la grande joie de la terre et que là retentit cette mélodie céleste qui annonçait la gloire de Dieu et la paix aux hommes : « *Gloria in excelsis Deo et in terra pax* ». On croit y entendre encore le cantique angélique, toujours il a les mêmes accents de joie et apporte à l'âme les mêmes ineffables suavités.

Cet hymne, des voix pieuses le répètent sans cesse à Bethléem : un couvent de religieuses françaises s'élève sur une colline à l'ouest de la ville ; c'est la délégation de la France auprès du berceau de l'Enfant Jésus. Il semble que le Ciel en ce lieu verse toujours les mêmes flots de douce harmonie, et les Anges de la terre répondent aux Anges du Ciel par leurs soupirs embrasés, leur chant simple et doux comme le gémissement de la colombe et surtout par la prière qui monte incessante vers le Cœur de Notre-Seigneur, toute embaumée du parfum de la Sainte Enfance de Jésus et du mérite infini de ses premières larmes.

Toujours près de l'Enfant-Jésus ! ce doit être la devise des Carmélites de Bethléem, c'est aussi celle des amis du Dieu de la crèche. Pour nous, c'est souvent le temps des frimas, des tribulations, des peines, des afflictions qui glacent, mais nous irons quand même à la recherche du divin Enfant dans le jardin de notre cœur ; c'est là qu'il veut naître et demeurer par sa grâce. Nous le rencontrerons, car il vient plein de bonté au devant de l'âme qui le désire et nous dirons comme Ste Véronique Juliani, avec les Carmélites de Bethléem : « J'ai trouvé celui que mon cœur aime ; je le tiens et ne m'en

---

(1) D'après la tradition, les bergers étaient au nombre de trois. (Flav-Luc-Dexter au Ve siècle, ensuite S. Arculfe (670) et le vénérable Bède en 700).

séparerai plus jamais : *Inveni quem diligit anima mea ; tenui eum, nec dimittam.*

6. Les leçons de Bethléem

La crèche est une chaire d'où l'Enfant Jésus nous prêche le royaume des cieux. Il nous apprend à aimer la pauvreté. « Elle abondait sur la terre, dit St Bernard, et l'homme n'en connaissait pas le prix. Aussi le Fils de Dieu descend, plein d'amour pour elle et la choisit afin de nous la rendre précieuse par l'estime qu'il en fait... L'humilité et la pauvreté, voilà les langes où il se plaît, au témoignage même de Marie, voilà les soieries dont il aime à être enveloppé ».

Dans sa crèche Jésus nous console. Il ne console pas les riches qui ont ici-bas leur consolation, dit encore St Bernard, l'enfance du Christ ne console pas ceux qui plaisantent ; les larmes du Christ ne consolent pas ceux qui rient ; ses haillons ne consolent pas ceux qui sont superbement vêtus. C'est aux pasteurs qu'est annoncée la joie de la lumière et qu'il est dit que le Sauveur vient de naître ; c'est aux pauvres et aux travailleurs ».

Qui ne voit que la crèche est une école d'humilité ? Jésus et sa mère n'ont dédaigné ni l'étable, ni les animaux, ni le foin, ni tous ces vils accessoires, toujours ils ont soigneusement gardé l'humilité. Efforçons-nous donc, avec tout le zèle dont nous sommes capables, de pratiquer cette vertu ; car sans elle, il n'y a pas de salut, et nulle de nos œuvres ne peut plaire à Dieu, si l'orgueil s'y mêle.

En Jésus enfant et en Marie, surtout en Jésus, il y a une grande affliction de cœur « Le Fils de Dieu devant naître, dit St Bernard, comme il était en son pouvoir de choisir le moment, il choisit celui qui devait être le plus dur, et à un petit enfant et au fils d'une mère pauvre qui n'avait que des haillons pour l'envelopper, qu'une crèche pour le coucher... Il fait choix de ce qu'il y a de plus dur pour la chair.

C'est que cette dureté est ce qu'il y a de meilleur, de plus utile et de plus avantageux... Ce petit Enfant sait réprouver le mal et choisir le bien : le mal, c'est le bien être du corps ; le bien, c'est la souffrance... Allez et faites de même, discrètement cependant et sans excéder vos forces. »

Et, maintenant, « baisez les pieds de l'Enfant Jésus, étendu dans la crèche ; priez Notre-Dame qu'elle vous le donne ou qu'elle vous permette de le prendre. Recevez-le dans vos bras, considérez et gardez en mémoire les traits de son visage ; embrassez-le avec respect et réjouissez-vous en lui avec confiance. Vous le pouvez faire, puisqu'il est est venu pour les pécheurs, et pour leur salut, qu'il a humblement habité parmi eux et qu'il s'est enfin donné pour être leur nourriture. Aussi sa bonté consentira patiemment à se laisser toucher par vous et il ne l'imputera pas à votre présomption, mais à votre amour. Néanmoins, faites tout cela avec révérence et avec crainte ; car il est le Saint des Saints. Ensuite, rendez-le à sa Mère et admirez avec quelle adresse et avec quel dévoûment elle le tient, l'allaite et lui rend tous les services nécessaires. Aidez-la, si vous pouvez, réjouissez-vous, abandonnez-vous délicieusement à ces soins et à cette fréquente méditation ; servez autant que vous le pourrez, et l'Enfant Jésus et sa Mère et arrêtez-vous à consirer ce visage que les Anges ambitionnent de contempler ». Ainsi parle Saint Bonaventure. Qu'il nous soit permis d'ajouter : recevez souvent l'Enfant Jésus dans votre cœur par la sainte Communion ; vivez de manière à pouvoir tous les jours vous approcher de la sainte Table, c'est là que vous trouverez le divin Enfant avec toute sa douceur et tous ses charmes. L'Autel est la nouvelle Bethléhem où les Anges chantent *Gloria in excelsis*, votre cœur sera la crèche où vous l'adorerez avec Marie sa mère, avec les bergers et avec les Mages. *Ecce evangelizo vobis gaudium magnum.* Voilà la grande joie, la sainte Communion ! c'est là que nous nous écrions : *Aimons l'Enfant de Bethléhem,* c'est là que nous redisons avec toute la tendresse de notre cœur : *Petit enfant Jésus de Bethléhem, je vous adore et je vous aime* (1)

GLORIA IN EXCELSIS DEO

____

(1) Ind. de 50 jours (Léon XIII).